Oczko · Dampf über Australien und Neuseeland

Günter Oczko

DAMPF ÜBER AUSTRALIEN UND NEUSEELAND

fotografiert von Hugh Ballantyne,
Mike Eagleson, Roland Earl,
Nils Huxtable und Günter Oczko

Dampfnostalgie auf dem 5. Kontinent

herausgegeben von Günther Feuereißen

Gondrom

Umschlagseite vorn
Die 1878 bei Beyer Peacock erbaute 2'B-Schnellzuglokomotive 1210 leistet der bei gleicher Firma 1914 entstandenen Tendermaschine 3112 Vorspann auf den letzten Metern bis zum Scheitelpunkt der Bethungra Spirale. Oktober 1988 (NH)

Umschlagseite hinten
Nach getaner Arbeit ergänzt die 2'C-Maschine 3088T, 1912 in den Eveleigh Shops erbaut, an der Bekohlungsanlage des Bahnbetriebswerkes Broadmeadow ihre Kohlevorräte. April 1970 (ME)

Bild auf Seite 2
Als J 1211 (North British Locomotives Works 1939) und Ja 1250 (Hillside Workshops 1949) mit ihrem 20 Wagen-Sonderzug die Rampe bei Cass am Arthur Pass der neuseeländischen Südalpen am 24. Oktober 1988 bezwingen, erreichen sie kaum mehr als Schrittgeschwindigkeit (GO)

Genehmigte Lizenzausgabe für den Godrom Verlag GmbH & Co KG Bindlach, 1991
Lithografien: Hofmüller-Repro GmbH & Co KG, Linz
Satz: Fotosatz Schwarzenböck, Hohenlinden
Druck: ZUMBRINK DRUCK GmbH, Bad Salzuflen
ISBN 3-8112-0871-3

Inhalt

Zum Geleit

Australien, der Traumkontinent vieler europäischer Auswanderer und Abenteurer, wurde im 18. Jahrhundert durch Briten kolonisiert. Die ab 1854 entstehenden Eisenbahnen trugen naturgemäß englische Handschrift. Ebensowenig konnte der Fahrzeugpark seine Abstammung verleugnen. Erst mit der Unabhängigkeit und eigenständiger Lokomotivfabrikation waren amerikanische Einflüsse deutlicher spürbar.
Seit 1973 sind die Eisenbahngleise dampffrei. Wer sich heute das beeindruckende Schauspiel australischer oder neuseeländischer Dampflokomotiven live vors Auge führen will, muß vor allem Zeit, viel Zeit haben. Dampfzüge bekommt der Eisenbahntourist nur anläßlich von Sonderfahrten und Jubiläen zu sehen. Die Entfernungen sind, verglichen mit europäischen oder gar deutschen Verhältnissen, riesig. Gute Informationen, viel Ausdauer und ein wenig Glück braucht man schon, um zum richtigen Zeitpunkt am richtigen Ort zu sein.
Etwas einfacher war es im Herbst 1988: Australien hatte seine 200-Jahrfeier, die Neuseeländischen Eisenbahnen ihr 125-jähriges Jubiläum. Fahrzeugparaden und Dampfsonderzüge auf vielen Strecken ließen die Erinnerung an alte Zeiten wach werden.
Günter Oczko (GO) begleitete die Dampfzüge mit seiner Kamera. Weiteres wertvolles Material, vor allem aus der Zeit des regulären Dampflokomotiveinsatzes, stellten dankenswerter Weise Hugh Ballantyne (HB), Eccleshall, Mike Eagleson (ME), New Jersey, Roland Earl (RE), Adelaide, und Nils Huxtable (NH), Vancouver, sowie Konrad Grams (KG), München, zur Verfügung.

Australien

Seit 1901 ist der kleinste Kontinent ein Bundesstaat mit sechs Ländern – Queensland, New South Wales, Victoria, South Australia, Western Australia und Tasmania – dem Northern Territory sowie dem Bundesdistrikt der Hauptstadt Canberra. Das Land selbst ist nur dünn besiedelt, etwa zwei Drittel der Einwohner leben in den Ballungszentren von Sydney, Brisbane, Melbourne, Adelaide und Perth.

Zu Beginn des Eisenbahnbaus waren die sechs Einzelstaaten englische Kolonien, wodurch die europäische 1435 mm-Spur als Standardspur Einzug hielt. Mangelnde Kommunikation und unternehmerische Kurzsichtigkeit ließen dann aber doch fünf verschiedene Spurweiten entstehen, mit denen man sich teilweise noch heute herumärgern muß.

Der erste Dampfzug fuhr im Jahre 1854 zwischen Melbourne und Port Melbourne in Victoria auf 1600 mm Spurweite. New South Wales folgte 1855 mit einer Strecke zwischen Sydney und Paramatta in normalspuriger (1435 mm) Ausführung. South Australia entschied sich 1856 wiederum für 1600 mm Spurweite zwischen Adelaide und Port Adelaide. In Queensland galten beide Spuren als zu kostspielig. 1865 wurden deshalb 1067 mm zur Standardspur, übrigens sieben Jahre früher, als in Südafrika diese sogenannte Kapspur zur Anwendung kam. Auch Western Australia schloß sich 1871 der Spurweite an. Im gleichen Jahr begann der Eisenbahnbetrieb auf der Insel Tasmanien. Zunächst auf 1600 mm breiten Gleisen, dann auf Kapspur. Außer einigen Sekundärbahnen mit 610 mm Spurweite betreiben die Tasmania Railways heute nur noch Kapspurgleise.

Zwischen 1875 und 1930 entstanden die wesentlichsten Eisenbahn-

Die Eisenbahnstrecken um Newcastle waren die letzte Domäne der Dampfloks in New South Wales, herausragend die Steilrampe bei Fassifern, welche noch Anfang der siebziger Jahre dampfbespannte schwere Güterzüge sah. Am 26. April 1976 befaßten sich die Lokomotiven 5917 und AD 6029 (Beyer Peacock 1954) mit einem solchen Zug (ME)

linien Australiens. Das waren vor allem Bahnen entlang den Ost- und Südküsten, die Industriezentren mit Häfen und den größeren Städten verbanden. Besonders in Victoria und dem Südosten South Australias entstanden ausgedehnte Streckennetze mit Breitspur, in New South Wales mit Normalspur.
Die siebte und letzte Eisenbahngesellschaft, die Commonwealth Railway, begründete sich 1901. Sie sollte die existierende Kapspurstrecke von Darwin im Northern Territory mit Port Augusta nördlich Adelaide in South Australia verbinden. Ebenso war die Gesellschaft verantwortlich für die Transkontinentalbahn durch die Nullarbor-Wüste von Port Augusta nach Kalgoorlie in Western Australia, um dort an die existierende Kapspurbahn nach Perth am Indischen Ozean anzuschließen. Die Nord-Süd-Trasse ist aufgrund mangelnder Wirtschaftlichkeit nie verwirklicht worden. Die Lücke der Transkontinentalbahn wurde jedoch 1912 in Angriff genommen und 1917 vollendet, allerdings mit Normalspur.
Gerade hier offenbarten sich die Fehler der Vergangenheit. Zwar waren in den einzelnen Staaten recht leistungsfähige Streckennetze entstanden, doch die Züge fuhren in New South Wales auf Normalspur, in Victoria auf Breitspur, in Queensland und in Western Australia auf Kapspur. In South Australia vereinten sich gar alle drei Spurweiten. Man konnte nicht einmal von der Metropole Sydney nach Melbourne fahren, ohne an der Staatsgrenze in Albury umzusteigen. Dieser einem modernen Eisenbahnsystem unerträgliche Umstand wurde ab den zwanziger Jahren korrigiert. Seit 1970 kann durchgehend von Sydney bis Perth auf Normalspur gefahren werden. Der »Indian Pacific«, einer der luxuriösesten Züge der Welt, benötigt für die 3968 km lange Strecke 65 Stunden.

Nicht nur die modernen 1'D 1'-Maschinen und die Garrat-Gelenklokomotiven, sondern vor allem zahlreiche alte Dampfloks bildeten das Rückgrat des Güterverkehrs um Newcastle. Nächtliche Ruhe im Betriebswerk Broadmeadow im April 1970 mit den Lokomotiven 3046 (Beyer Peacock 1908) und 3088 (Eveleigh Shops 1912) (ME)

Naturgemäß wirkten sich die Bindungen der Kolonien an das Mutterland stark auf die Triebfahrzeugbeschaffung aus. So kamen bis zur Jahrhundertwende fast ausschließlich englische Dampflokomotiven und hier vor allem Bayer Peacock-Loks aus Manchester auf die Schienen. Nur die amerikanischen Baldwin Locomotive Works konnten noch einige Aufträge verbuchen. Nach der Jahrhundertwende begann der australische Lokomotivbau mit Erfolg. So gingen aus den Clyde-Lokomotivfabriken sowie den Werkstätten in Eveleigh und Cardiff in New South Wales, der Newport-Werkstätte in Victoria, der Islington-Werkstätte in South Australia und der Ipswich-Werkstätte in Queensland die bedeutendsten Lokomotivbaureihen Australiens hervor.

Bereits Ende der fünfziger Jahre ersetzten vor allem in den wasserarmen Gebieten erste Diesellokomotiven die Dampfmaschinen. Nur zehn Jahre später war der Traktionswechsel fast abgeschlossen. Durch die Industriezentren New South Wales dampften die letzten Lokomotiven, vom Depot Broadmeadow in Newcastle ausgehend. Zu ihnen gehörten einige Pacifics (Achsfolge 2'C 1') der Klasse 38. Ab 1943 wurden insgesamt 30 Exemplare, 5 teilweise stromlinienverkleidet, in den heimischen Werkstätten gebaut. Ihre Renommierleistung war der »Newcastle Flyer«-Express zwischen Sydney und Newcastle. Die letzten planmäßigen Dampfzüge beförderten die »Big Boys« des Südens, die größten Dampflokomotiven der südlichen Hemisphäre, im März 1973. Sie entstanden ab 1952 bei Beyer Peacock. 264 t brachten die 2'D 2'+2'D 2'-Garratts der Klasse AD 60 auf die Waage.

Von den zuletzt eingesetzten Dampfloks blieben einige erhalten und verkehren des öfteren für Railfans auf Staatsbahngleisen.

Parallelfahrt der normalspurigen 3801 (Clyde Engineering 1943) und der breitspurigen R 761 (North British 1952) auf der Steigung bei Heathcote Junction in Victoria im Oktober 1988 (GO)

BICENTENNIAL TRAIN
38 01
STEAMRAIL

New South Wales Government Railways

Im Jahre 1970 war die Steilrampe bei Fassifern der beliebteste Fotostandpunkt vieler Eisenbahnfreunde in Australien, konnte hier doch eine beachtliche Vielfalt von Dampflokbaureihen beobachtet werden. Als 3813, Cardiff Shops 1946, den berühmten »Newcastle Flyer« nach Newcastle bringt und einige Stunden später im Betriebswerk Broadmeadow Kohle faßt, ging der Einsatz dieser Maschine dem Ende entgegen (ME)

1952 begann der Serienbau der größten Dampflokomotiven der südlichen Hemisphäre, der 264 t schweren Garrats Reihe AD 60.
Links kämpft sich AD 6029 im August 1970 dem Scheitelpunkt der Rampe bei Fassifern entgegen (NH), unten erwartet Lok 6022 in Broadmeadow ihren nächsten Einsatz (ME)

Die AD 60-Garrats wurden vor allem für den schweren Güterzugdienst auf Nebenbahnen beschafft. Dort gab es nur selten Wendemöglichkeiten und so begegneten sie dem Fotografen (RE) häufig rückwärts fahrend.

Unten bei Belford, rechts oben auf der Brücke bei Singleton, darunter beim Rangieren in Maitland. Mai 1971

6002

Im April 1970 beheimatete das Bahnbetriebswerk Newcastle Broadmeadow noch 12 Garrats der Reihe AD 60, darunter AD 6008, Beyer Peacock 1953 (ME). Mit dem Abstellen der AD 6042 ging am 18. März 1973 die Dampflokomotivära bei den Staatsbahnen zu Ende.

Die folgende Doppelseite zeigt noch einmal den »Newcastle Flyer«, bespannt mit 3813, abfahrend in dem seinen Namen gebenden Bahnhof Newcastle (ME)

Anfang 1970 beheimatete Broadmeadow nur noch drei Maschinen der Reihe 38, setzte sie jedoch fallweise sogar vor dem »Newcastle Flyer« ein; links am 28. April 1970 bergwärts bei Fassifern, unten am darauffolgenden Tag rückkehrend (ME)

SURGICAL APPLIANCES
HEEL BAR
RAPID
RUNDLES
MANUFACTURING PTY LTD
NEW YORK
38
13

1952 lieferten Baldwin, Lima und Hamilton 20 leichte 1'D 1'-Maschinen für den gemischten Verkehr. Im April 1970 war 5914 zusammen mit 10 weiteren Loks dieser Reihe in Newcastle Broadmeadow beheimatet (ME)

Im August 1970 verläßt 5915 den Güterbahnhof von Broadmeadow (NH)

Als letzte ihrer Gattung befördert die 2'C-Schnellzuglok 3526 (Eveleigh Shops 1917) einen Sonderzug auf der Steigung bei Danglemah im Mai 1971 (RE)

Bild rechts oben. Im April 1971 beheimatete das Betriebswerk Dubbo nur noch zwei eigene Dampflokomotiven, darunter die alte 3102T von Beyer Peacock aus dem Jahre 1914 (RE)

Die Satteltankmaschinen der Reihe 26 der englischen Lokomotivfabrik Dubs & Co. waren eigentlich für den schweren Schiebedienst auf der Steilrampe von Sydney in die Blue Mountains geliefert worden, doch fanden sie bald im Rangierdienst Verwendung. 2604 im Bahnhof Bathurst (NH)

3102

2604

Lokomotive 3090T (Eveleigh Shops) begann 1912 ihre Laufbahn als 2' C 2'-Tenderlok. Nach der Elektrifizierung des Vorortverkehrs von Sydney war sie überflüssig und wurde 1928 in eine 2'C-Schlepptendermaschine umgebaut. Im August 1970 war sie bei Merriwa unterwegs (NH)

090

5343

1904

Im Mai 1971 beherbergte das Betriebswerk Port Waratah in Newcastle ausschließlich Oldtimer. Unter der Bekohlungsanlage ergänzt 5343 (Eveleigh Shops 1913) ihre Vorräte, die kurz zuvor der C-Kuppler 1904 (Beyer Peacock 1877) hinaufgebracht hatte. Zwei Maschinen der Reihe C 19 verdankten ihr Überleben dem Umstand, daß keine andere Lok die Rampe der Bekohlungsanlage befahren konnte (RE)

Die 1'D-Schlepptenderloks wurden zu Beginn der siebziger Jahre vor allem für Übergabezüge im Raum Newcastle benötigt. Im Bild unten befindet sich 5425 (Clyde Enginering) mit zweiachsigen Kohlewagen in der Steigung bei Cardiff (NH)

Die herausragendste Industriebahn in New South Wales war die private South Maitland Railway, welche Kohlengruben westlich von Newcastle bediente. Bevor der Dampfbetrieb im September 1987 eingestellt wurde, war sie die letzte Eisenbahn in Australien, die Dampflokomotiven im kommerziellen Verkehr einsetzte. Lok 26 der Bahn befindet sich im Mai 1971 im Betriebswerk Maitland (RE) und Lok 30 (rechts oben) im Dezember 1980 mit einem Kohlezug bei Greta Junction (HB)

Außerordentlich beliebt waren Krandampflokomotiven in den Ausbesserungswerken. Noch 1980 verrichtete X10 1067 bei den Eveleigh Shops in Sydney Dienst (HB)

30

STOP

1047

Queensland Railways

Zu den schönsten Museumsbahnen Australiens gehört die Zig Zag Railway unweit von Lithgow in den Blue Mountains. Mit einer Ausnahme erwarb die Museumsbahn nur Dampflokomotiven der Queensland Railways. DD17 1047 (Ipswick Shops 1952) im Dezember 1980 (HB)

Ipswick war Sitz der Hauptwerkstätte der Queensland Railways. Als im April 1970 C17 705 (Evans, Anderson & Phelan 1926) auf die Drehscheibe des Betriebswerkes Ipswick fährt, hatten die wenigen noch vorhandenen Dampflokomotiven kaum mehr als Bedarfsleistungen zu erbringen (ME)

Zahlreiche Brücken und Tunnel weist die Zig Zag Museumsbahn auf. Im Bild verläßt DD17 1047 Tunnel 2 mit einem Sonderzug (HB)

Zu den erfolgreichsten Maschinen der Queensland Railways gehörte die Reihe PB 15. Lok 448 (Walkers 1908) blieb erhalten und führte im Januar 1983 einen Sonderzug bei Redbank (RE)

707
R
707

Victorian Railways

Aus dem Lokschuppen des Betriebswerkes Bendigo schaut im Oktober 1988 R 707 heraus (HB)

18 Jahre zuvor rangierte K 175 im Güterbahnhof von Geelong (NH)

53 Mehrzweckmaschinen der Klasse K besaßen die Victorian Railways. Eine war als Werklokomotive bis 1979 tätig. Mindestens 16 Loks sind noch erhalten, mehrere davon betriebsfähig. Im Bild links befindet sich K 153 (Newport Shops 1940) im Dezember 1980 mit einem Sonderzug in der Ausfahrt von Geelong und rechts im Oktober 1988 auf der Steigung bei Heathcote Junction (HB)

STEAMRAIL
K
153

Als Nachfolge für die Klasse K aus dem Jahre 1922 bestellten die Victorian Railways 60 1'D-Schlepptendermaschinen der Reihe J. Im Oktober 1988 verläßt J 515 (Vulcan Foundry 1954) Benalla (HB)

515
J
515

K
160

K 160 (Newport Shops 1941) im Oktober 1988 bei Malden, links mit einem Güterzug (NH), rechts mit einem Sonderzug (HB)

707

Gleichzeitig mit der Klasse R ausgelieferte Dieselloks verdrängten die Dampfmaschinen sofort in untergeordnete Dienste und beschieden ihnen ein nur kurzes Dasein. 1988 waren noch zwei Lokomotiven betriebsfähig und vor Sonderzügen von Melbourne aus eingesetzt. R 707 (North British 1951) verläßt links den Big Hill Tunnel bei Bedigo und durchfährt unten Woodend Bahnhof (HB)

Puffing Billy

Auf der »Puffing Billy«-Museumsbahn verrichten Tenderloks der Reihe N ihren Dienst. Unten in Lakeside (HB), rechts bei Clematis (RE)

PUFFING

Die um die Jahrhundertwende erbaute 762 mm-Bahn ist heute die bekannteste Museumsbahn in Australien. Neben einer nicht betriebsfähigen Garrat sind sechs 1'C 1'Tenderlokomotiven vorhanden. Sie entstanden zwischen 1901 und 1912 bei den Newport Shops (K. Grams/RE/HB)

Bellarine Peninsular Railway

Nachdem die 1600 mm-Breitspurbahn von Geelong nach Queenscliff den Betrieb einstellte, konnte die Geelong Preservation Society den 16 km langen Abschnitt zwischen Drysdale und Queenscliff als Museumsbahn eröffnen, jedoch mit 1067 mm Spurweite. Die ex SAR T251 (Walkers Ltd 1917) mit Sonderzug bei Lakerssiding (links) und die ex Tasmanian M6 bei Mannerim (HB)

Die Bellarine Peninsular Railway erwarb 1067 mm-Lokomotiven aus weiten Teilen Australiens. Die M6 (Stephenson & Hawthorn 1951) hatte es als einzige der M-Klasse von der Insel Tasmanien auf das Festland verschlagen. Im Dezember 1980 steht M6 im Bahnhof Queenscliff abfahrbereit und wenig später ist sie mit ihrem Sonderzug in der Bucht bei Queenscliff unterwegs (HB)

Tasmanian Government Railway

Der Dampfbetrieb bei den Tasmanian Railways endete genau 100 Jahre nachdem er begonnen hatte. Im Februar 1971 setzten sie noch einmal sieben Maschinen der Klassen H, M, MA und die alte CCS 23 vor Regel- und Sonderzügen ein. Das Bild zeigt zwei Sonderzüge in Conara Junction (RE)

Die letzten und modernsten Dampflokomotiven der Tasmanian Railways kamen ab 1951 aus England: zehn leichte 2'C 1'-Maschinen der Reihe M (Stephenson & Hawthorn) und acht 2'D 1'-Loks der Reihe H (Vulcan Foundry). Das Bild unten zeigt H H 2 im Februar 1971 in Ross, daneben MA 2 und H 2 mit einem Sonderzug in Lilydale (RE)

CENTENARY
1871-1971
TRAIN

Im Februar 1971 führen MA 2 und H 2 einen Planzug im Haltepunkt Karoola (RE)

In der Bucht bei Stanley präsentiert sich M 5 vor der Kulisse eines Tafelberges (RE)

South Australian Railways

Die folgende Doppelseite zeigt die Stars der South Australian Railways. 12 Maschinen wurden ab 1943 bei den Islington Shops erbaut. Entlang dem Indischen Ozean befördert Lok 520 einen Sonderzug nach Victor Habour (RE). Daneben präsentieren sich zwei Generationen breitspuriger Dampflokomotiven. Hinter der 520 schaut das Profil der Rx 224 (Walkers Ltd 1915) hervor (NH)

520

186

404

Als Ersatz für die alternden Loks der T-Klasse wurden 1953 zehn Garrats der Reihe 400 bei Societe Franco Belge gebaut. Lok 404 verdiente sich 1969 im Rangierdienst von Gladstone ihr Gnadenbrot (RE)

Bild links oben. Auf der 1067 mm-Spur bildeten die 2'D-Schlepptenderloks der Reihe T über 50 Jahre das Rückgrat. Im Mai 1970 bestreiten T 186 (Jas. Martin 1909) und T 199 (Jas. Martin 1912) eine Abschiedsfahrt bei Bruce (RE)

Ein kleiner Teil der schmalspurigen Transaustralien-Hauptstrecke wird heute von den »Steamtown«-Eisenbahnfreunden in Peterborough als Museumsbahn betrieben. Im Bild verkehrt ein Fotogüterzug im Oktober 1988 mit Pmr 720 (North British 1950) bei Orroroo (RE)

Nur zwei der zwölf mächtigen 2’D 2’-Stromlinienmaschinen blieben erhalten. Unten nimmt Lok 520 im Mai 1972 in Kapuada Wasser, rechts oben paradiert sie mit 621 und Rx 224 im Betriebswerk Mile End, Adelaide (RE)

Obwohl Lokomotive 526 noch 1971 im Raum Adelaide Sonderzüge bespannte, wie unten rechts bei der Ausfahrt aus Wasleys, wurde sie einige Jahre später verschrottet (RE)

520
621

526

Ab 1936 beschafften die South Australian Railways zehn 2'C 1'-Lokomotiven der Reihe 620 für Nebenbahnen. Nach ihrer Ausmusterung im Jahre 1965 blieben zwei Maschinen erhalten, darunter Lok 621 (Islington Shops), die im Mai 1977 den Haltepunkt Carripook mit einem Sonderzug verläßt und wenig später den Currency Creek Viadukt überquert (RE)

Auf den Bildern dieser Doppelseite ist Lokomotive 621 jeweils mit Sonderzügen unterwegs. Nebenstehend am Indischen Ozean zwischen Port Elliott und Victor Harbour im Mai 1977, unten von Adelaide kommend bei Navacooate im Mai 1973 (RE)

Ebenfalls am Indischen Ozean bei Victor Harbour entstanden die Aufnahmen der folgenden Doppelseite im Oktober 1978 mit den Lokomotiven 621, 520 und Rx 224 (RE)

Unten befördert die elegante 520 einen Sonderzug durch die Steigung bei Philcox Hill im November 1988 (RE), rechts ist Lokomotive 621 einige Wochen früher bei Hawthorndene unterwegs (NH)

621

Für ein gutes Jahr verliehen englische Eisenbahnfreunde die legendäre »Flying Scottsman«-Lokomotive A3 4472 nach Australien. Sie kam vor zahlreichen Sonderzügen zum Einsatz, so links in der Steigung bei Kilmore East (NH) und oben bei Mathiesons (HB)

4472

Die 1921 gebaute Gresley-A3 nähert sich im Dezember 1988 Albury an der Staatsgrenze zwischen Victoria und New South Wales (RE)

Pichi Richi Railway

Die Bilder der vorangegangenen Doppelseite zeigen die Pichi Richi Railway-Museumsbahn in Quorn. Die Bahn erwarb unter anderem vier 1'D 1'-Maschinen der Reihe W und die alte T 186 (Jas. Martin 1909). Sie überquert im Mai 1978 mit einem Foto-Güterzug mit Personenbeförderung eine kleine Brücke bei Quorn (RE). Wenige Kilometer hinter Quorn beginnt die Steigung zum Pichi Richi Paß, an dessen Fuß Lokomotive W 933 (Beyer Peacock 1951) im Juni 1977 unterwegs ist (RE)

Auf den beiden Bildern dieser Seiten befährt W 933 ebenfalls die Paßstrecke, im Mai 1977 mit einem Sonderzug, im Juli 1976 mit einem Bauzug (RE)

Die folgende Doppelseite versetzt uns in das Jahr 1970. Ca. 60 Dampflokomotiven beherrschten die Szene um Perth und Bunbury. Links oben bringt DD 592 (Midland Shops 1946) einen Vorortzug nach Perth, darunter faßt Pm 730 (North British 1949) im Betriebswerk Midland Kohle und rechts rangieren die Oldtimer G 123 (Dubs 1896) und G 233 (James Martin 1898) im Bahnhof Brunswick Junction (NH)

Im Juni 1976 hat die Lokomotive W 933 (ex Western Australian Government Railways) den Pichi Richi Paß erreicht (RE)

592

730
730

Western Australia Government Railway

3112
3112

Sonderzüge zur 200-Jahrfeier

3112
52

Vorangegangene Doppelseite.
Zur 200-Jahrfeier in Melbourne kamen die hundertjährige 2'B-Schnellzuglok 1210 (Beyer Peacock) und Tenderlokomotive 3112 (Beyer Peacock 1914) von Sydney. Am 12. Oktober 1988 bezwangen beide Maschinen die Steilrampe bei Unanderra (GO)

Zwei Tage später waren die Maschinen bei Tallang im Einsatz (links) und oben rangiert 1210 im ehemaligen Betriebswerk Moss Vale (GO)

Im Gegensatz zum Fotografen zeigten sich die Pferde vom schweren Arbeiten der 5910 bei Piction wenig beeindruckt.
Am 15. Oktober 1988 leistete 5910 der Schnellzuglokomotive 3801 (Clyde Engineering 1943) auf dem Viadukt bei Bargo Vorspanndienste (GO)

Auf der folgenden Doppelseite überquert 3801 am 22. Oktober 1988 die Maribyrnongbrücke bei Melbourne auf dem Weg nach Seymour (GO)

Zwei Szenen vom gleichen Tag. Am Tunnel bei Picton zeigen die beiden Maschinen 5910 und 3801 ihre Kräfte. In der Kurve bei Gunning geht es leichter, als 3801 die Führung übernommen hat (GO)

639
STEAMRAIL
639

STEAMRAIL

Nachdem D3 639 (Newport Shops 1903) in Geelong gedreht worden war, verließ sie den Bahnhof zur Rückfahrt nach Melbourne (GO)

Als Höhepunkt der Feierlichkeiten verließen am 22. Oktober 1988 zwei Dampfzüge auf Breitspur und einer auf Normalspur die Metropole Melbourne zur Fahrt nach Seymour.
Auf der nächsten Doppelseite verfolgt R 761 bei Craigieburn den Breitspurzug, geführt von D3 639 und K 153 (GO)

Dunkle Regenwolken ballen sich über der abfahrbereiten J 515 (Vulcan Foundry 1954) in Geelong zusammen (GO)

639

153
STEAMRAIL
761

STEAMRAIL
R
761

STEAMRAIL
BICENTENNIAL
TRAIN

BICENTENNIAL
TRAIN

Auf Seite 106 hat R 761 den Scheitelpunkt in der »Great Dividing Range« bei Kilmore East erreicht (Südrampe). Daneben liefern sich auf der Nordrampe Breitspur-R 761 und Normalspur-3801 ein Wettrennen (GO)

Mit einer Zuglänge Vorsprung siegt schließlich die elegante Stromlinienlokomotive auf der Rampe bei Kilmore East am 22. Oktober 1988 (GO)

Die Mehrzweckdampflokomotiven der Reihen J/Ja konnten sich bis zum Ende der Dampftraktion in Neuseeland im November 1971 selbst in hochrangigen Zugdiensten behaupten. Ja 1250 (Hillside Worksshop 1949) mit dem »South Island Limited Express« südlich Christchurch (ME)

Neuseeland

Phantastische Landschaften, ein mildes Seeklima und gastfreundliche Neuseeländer laden zum Besuch der Inseln ein. Die Landfläche ist kaum größer als Großbritannien, doch leben hier nur etwa sieben Millionen Einwohner, überwiegend in den Ballungsräumen von Auckland, Wellington, Christchurch und Dunedin. Die Southern Alps der Südinsel bilden den landschaftlichen Höhepunkt, sind eisenbahntechnisch aber fast unüberwindlich.
Als in der zweiten Hälfte des 19. Jahrhunderts der Eisenbahnbau begann, waren weniger vorhandene Industriezentren oder Häfen miteinander zu verbinden, als vielmehr das Land für die Besiedelung überhaupt zu erschließen. Fünf Provinzregierungen teilten sich in die Verantwortung für das zu schaffende Eisenbahnnetz mit dem Erfolg, daß in den unterschiedlichsten Spurweiten geplant und der Bau begonnen wurde. Dem Kolonial-Schatzmeister Julius Vogel ist die Festlegung der Kapspur (1067 mm) als Standardspur und der zügige Aufbau des Eisenbahnnetzes auf der Südinsel von 1870 bis 1880 zu verdanken. 1879 rollten die ersten Züge über die 594 km lange Hauptbahn von Invercargill nach Christchurch. In den folgenden zehn Jahren entstanden weitere 3000 Streckenkilometer, meist als Staatsbahnen.
Die private New Zealand Midland Railway Company wollte die großen Kohlegebiete um Greymouth an der Westküste mit Nelson im Norden und Christchurch an der Ostküste verbinden. Aber sie hatte sich reichlich übernommen und es blieb dem Staat vorbehalten, die bedeutende Alpenüberquerung bis 1923 zu vollenden. Mit dem 8566 m langen Otira-Tunnel am Arthur-Pass gehört diese Gebirgsbahn zu den herausragendsten Leistungen des Bahnbaus überhaupt. Die zweite Strecke, zwischen Nelson und Greymouth,

Als Ja 1250 im Mai 1970 in ihrem Heimatbetriebswerk Dunedin auf den nächsten Einsatz wartete, war nicht zu erahnen, daß sie 18 Jahre später die Hauptattraktion der 125-Jahrfeier der New Zealand Railways sein würde (ME)

1250
32

wurde von beiden Endpunkten aus begonnen, nach schweren Erdbeben aber für immer aufgegeben.

Auf der Nordinsel kam 1908 die schwierige Nord-Süd-Verbindung zwischen Auckland und Wellington zustande. Das gebirgige Gelände erforderte zahlreiche Kunstbauten. Dazu gehört die Raurimu-Spirale. Dort mußten auf 5,6 km Luftlinie 213 m Höhe gewonnen werden. Das war nur durch eine Streckenverlängerung auf 11 km über einen vollständigen Kreis und zwei Schleifen möglich.

Einen frühen Höhepunkt neuseeländischen Eisenbahnbaus stellt die 1878 eröffnete Rimutaka Incline dar. Auf knapp 5 km Länge sollten 265 m Höhenunterschied bewältigt werden, und das gelang nur mittels Zahnstange. Bis zur Eröffnung des 8750 m langen Basistunnels (1955) schleppten Zahnraddampflokomotiven der Bauart Fell die Lasten über die Rampe. Vier bis fünf Maschinen wurden in die Züge eingereiht.

Erst 1945 erreichte eine Linie die Hafenstadt Picton der Südinsel. Doch sollte es noch bis 1962 dauern, ehe eine Eisenbahnfähre die direkte Verbindung beider Inseln herstellte. 1953 erreichte das neuseeländische Eisenbahnnetz mit 5690 km seine größte Ausdehnung. Heute werden davon noch etwa 4800 km betrieben.

Die Lokomotivbeschaffung verlief ähnlich der australischen. Bis 1887 wurden die Maschinen fast alle aus England bezogen. Die bahneigene Werkstätte in Addington nimmt das Verdienst in Anspruch die erste 1'C 1'-Tenderlokomotive in Neuseeland hergestellt zu haben. Nach der Entlassung in die Unabhängigkeit im Jahre 1907 bauten Werkstätten in Addington, Hillside und Hutt viele Dampflokomotiven für die Staatsbahn selbst. Lediglich North British und Baldwin lieferten noch einige Maschinen.

17 Dampflokomotiven zeigte die Fahrzeugparade in Christchurch im Oktober 1988, davon 12 betriebsfähig. Mehrere über 100 Jahre alte Maschinen standen unter Dampf, wie die 1873 von Dübs gebaute A 64 (oben) und die 1875 bei Neilson entstandene D 16 (GO)

C·F·M

16

Besonderer Höhepunkt der Feierlichkeiten war ein Sonderzug von Christchurch zum Arthur's Pass, geführt von J 1211 (North British 1939) und Ja 1250 vor der schneebedeckten Kulisse der Südalpen (folgende Doppelseite). Nebenstehend das imposante Triebwerk der Ja 1250 (GO)

Neben den konventionellen Dampflokomotiven gab es unter anderem Garratts und eine Schlepptender-Mallet, welche noch heute erhalten ist. Den neuseeländischen Garratts war kein Erfolg beschieden. Sie wurden zerlegt und in Pacifics (2'C 1') umgebaut. Aus der Konstruktion der Vierzylinderverbund-Pacific Reihe A entstand 1915 die Zweizylindervariante der Baureihe Ab. 141 Maschinen, in England und Neuseeland gebaut, gingen auf die Strekke. Sie dienten jahrelang als Universallokomotiven vor Schnellzügen ebenso wie vor Nahgüterzügen. Die ab 1932 in Betrieb genommenen 2'D 2'-Loks der Reihen K, Ka und Kb übertrafen die Ab bei weitem. Sie waren die größten und leistungsfähigsten Einrahmenlokomotiven des Landes. Besonders auf der Nord-Süd-Linie der Nordinsel und auf der Rampe von Christchurch zum Arthur-Pass auf der Südinsel übernahmen sie alle schweren Züge. 1939 gingen die 2'D 1'-Loks der Reihe J für Hauptstrecken mit geringen Achslasten in Serie. Da die einheimischen Werkstätten mit der Produktion der K und Ka voll ausgelastet waren, baute North British 40 Maschinen mit spitzer Rauchkammertüre und Domverkleidung. Sie waren jedoch von neuseeländischen Ingenieuren entwickelt worden. Ab 1946 stellte die Hillside-Werkstätte 35 modifizierte Loks als Reihe Ja her und beschloß 1956 mit Ja 1274 den Dampflokomotivbau. Zwischenzeitlich kamen noch 16 ölgefeuerte Ja von North British, die den Höhepunkt der Entwicklung vollendeten.

Der Traktionswechsel begann in den fünfziger Jahren und war im November 1971 abgeschlossen. Etwa 70 Dampflokomotiven blieben erhalten, doch verhält sich die Bahn mit ihrem Einsatz sehr zurückhaltend.

Sonderzüge zum 125-jährigen Jubiläum

1211

PEVERIL
F 13

4
1
OGILVIE & CO. LTD.
SAWMILLERS · WEST COAST
3127

Die vorhergehende und diese Doppelseite zeigen einige Maschinen der Fahrzeugparade. Die alte F 13 (Neilson 1872) quittierte erst nach 102 Jahren den Dienst. Für Industrie- und Waldbahnen entwickelte Price 1924 die etwas ungewöhnliche Cb 113 und schließlich baute die gleiche Firma 1943 eine Maschine der Bauart Heisler für die Ogilvie-Waldbahn.
Winzig dagegen wirkt die nur 8 t schwere 548 der Lokfabrik Fowler (1925). Sie diente vorwiegend dem Bahnbau in Neuseeland. Ebenso die 1875 bei Dübs entstandene C 132, die später leichten Rangier- und dann Werksbahndienst absolvierte (GO)

C·F·M

Der Stolz der neuseeländischen Eisenbahner: die Reihe K! 71 in den dreißiger Jahren erbaute Lokomotiven der Reihen K, Ka und Kb waren die größten und leistungsfähigsten Maschinen. Sie beherrschten den schweren Zugdienst auf Hauptbahnen. Kb 968 (Hillside Workshop 1939) im Betriebswerk Christchurch am 23. Oktober 1988 (GO)

968
968

Speziell für den Rangierdienst gebaut, verbrachte Lokomotive C 864 (Hillside Workshop 1931) ihr ganzes Leben mit untergeordneten Diensten in und um Christchurch (GO)

Bis zum Erreichen der Reihen J und Ja waren die erfolgreichen 2'C 1'-Zweizylinderlokomotiven der Klasse Ab die herausragende Universaltype für alle Dienste auf den meisten Strecken des Landes. Ab 699 (Price 1922) im Betriebswerk Christchurch (GO)

AB
699

Durch die teilweise Stromlinienverkleidung mit spitzer Rauchkammertüre machte die Reihe J einen imposanten Eindruck. Die Aufnahmen der Seiten 132 bis 137 dokumentieren J 1211 auf der Fahrt zur Drehscheibe am Arthur's Pass, zusammen mit Ja 1250 nach der Ausfahrt aus dem Bahnhof, bei der Überquerung des Waimakariri Rivers und auf der Brücke über den Bealey River am 24. Oktober 1988 (GO)

Ende der dreißiger Jahre galt es, eine Lücke im Zugdienst dort zu füllen, wo die Klasse Ab zu schwach und die Reihe K zu schwer waren. North British lieferte 40 Maschinen der Klasse J, darunter J 1211, welche die Erwartungen erfüllten (GO)

1211

Nach Beendigung der Jubiläumsfeiern richtete sich das Interesse der Eisenbahnfreunde vor allem auf die siebentägige Rundfahrt der Ja 1250 mit einem Güterzug mit Personenbeförderung quer durch Neuseeland von Christchurch auf der Südinsel nach Auckland im äußersten Norden. Die restlichen Aufnahmen des Buches sind dieser Fahrt durch die abwechslungsreiche und eindrucksvolle Landschaft Neuseelands gewidmet (GO)

Unten wird eine Flußbrücke bei Waipara überquert und auf der folgenden Doppelseite nähert sich Ja 1250 vor der malerischen Kulisse des Pazifischen Ozeans dem Tagesziel Kaikoura (GO)

1250
1250

Bahnhof Kaikoura am 25. Oktober 1988
(GO)

1250
1250

Zahlreiche Mitreisende erwarten am nächsten Morgen den seltenen Sonderzug in Kaikoura. Auf der folgenden Seite überquert Ja 1250 den Hapuku River vor dem Hintergrund des 2700 m hohen Kaikoura-Gebirges (GO)

CALTEX

1250
7.0

Folgende Doppelseite: Nur wenige Kilometer trennen den Pazifischen Ozean von den schneebedeckten Bergen Kaikouras (GO)

Unmittelbar an dem großen Salzsee »Lake Grassmere« beginnt die Steigung nach Blend River (GO)

1250
1250

1250

Nahe dem Scheitelpunkt bei Seddon ist für Ja 1250 eine letzte Steigung zu überwinden, um alsdann in zahlreichen Schleifen nach Blenheim hinabrollen zu können (GO)

Zahlreiche Gebirgsflüsse münden bei Blenheim in die Cloudy Bay, so daß viele Brücken gebaut werden mußten. Im Bild überquert der Zug das ausgetrocknete Flußbett des Opawa River (GO)

Ansichten einer formschönen Gebirgsdampflokomotive auf der Brücke über den Wairau River und im Betriebswerk Springcreek (GO)

CALTEX

1250
1250
1250

Mit Volldampf zurück nach Auckland!
Das letzte Bild zeigt einen Güterzug mit Personenbeförderung in der Steigung bei Clarence (GO)

Leider wurden in den achtziger Jahren viele der schönen alten Brücken durch modernere Konstruktionen ersetzt, wie beispielsweise die Wairau River-Brücke (GO)